Das Flugzeug

mit Illustrationen von
Donald Grant
übersetzt von
Sybil Gräfin Schönfeldt

MEYERS LEXIKONVERLAG

Die Passagiere steigen ein.
In den großen Flugzeugen
finden mehrere Hundert Fluggäste Platz.

So blickt man durch die Kanzel
aus dem Flugzeug.
Oben liegt das enge Cockpit,
wo der Flugkapitän und der Kopilot sitzen.
Unten im Frachtraum sind Gepäck
und Ladung verstaut.

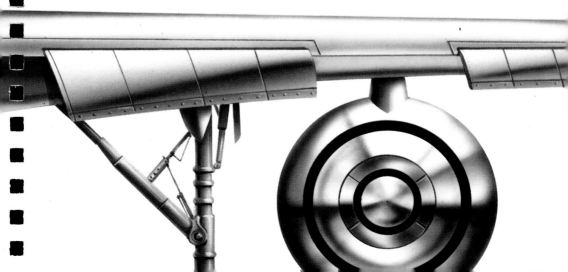

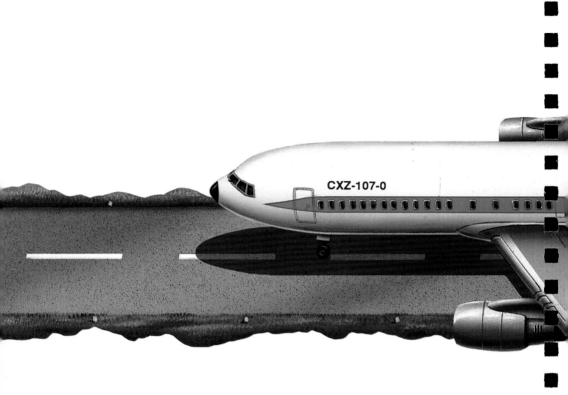

Dieses Flugzeug gehört zu den größten
der internationalen Flotte.

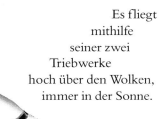

Es fliegt
mithilfe
seiner zwei
Triebwerke
hoch über den Wolken,
immer in der Sonne.

Die Fluggäste
reisen in
bequemen Sitzen.
Sie können essen, schlafen
oder sich einen Film ansehen.

der Kopilot

die Stewardess

der
Flugkapitän

Dieser Fesselballon war
eins der ersten Fluggeräte.
Die Passagiere waren Tiere:
ein Schaf, eine Ente
und ein Hahn.

Dieser Freiballon
steigt mit Gas oder Heißluft empor,
die von starken Brennern erhitzt
und in die Ballonhülle geblasen wird.

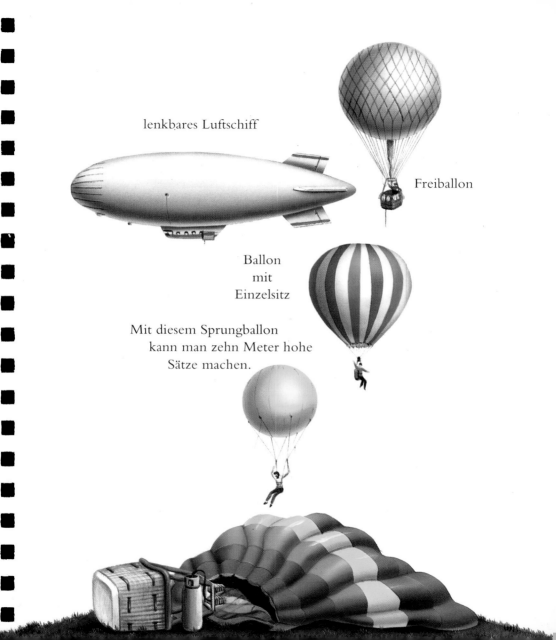

lenkbares Luftschiff

Freiballon

Ballon
mit
Einzelsitz

Mit diesem Sprungballon
kann man zehn Meter hohe
Sätze machen.

1903: erster Motorflug
der Brüder Wright
im Doppeldecker,
50 Meter weit.

Mit selbst gebauten Fluggeräten
machten die Menschen
am Rand von Abhängen die ersten Flugversuche.

Dieses Fluggestell
kam 1906 nur
220 Meter weit.

Dieses Modell flog 1918
zum ersten Mal
200 Kilometer pro Stunde.

Lindbergh überflog 1927 als
Erster nonstop den Atlantik.

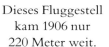

Das waren die ersten richtigen Flugzeuge:
Sie hatten einen eingebauten Motor und einen Propeller.

1909: Louis Blériot
flog als erster Pilot
über das Meer
von Frankreich nach England.

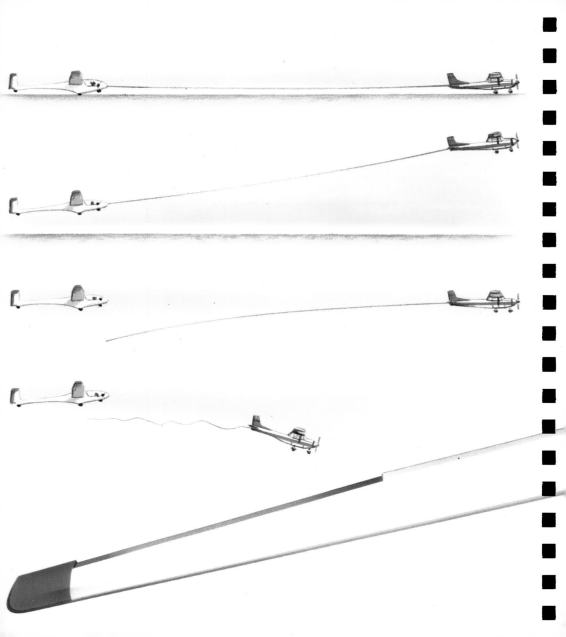

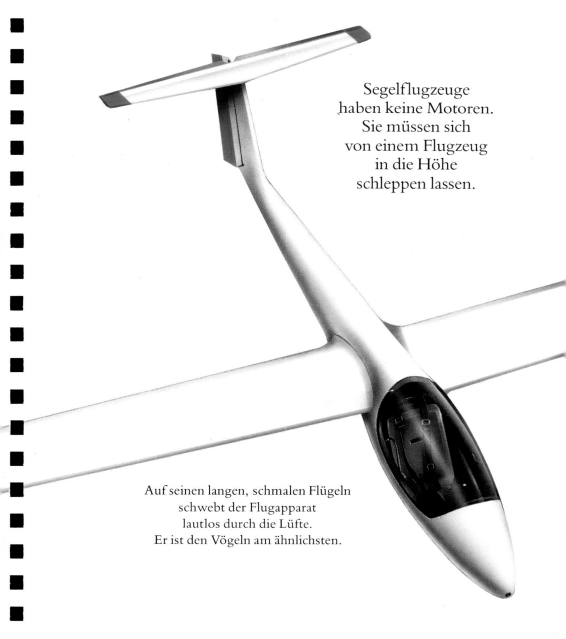

Segelflugzeuge
haben keine Motoren.
Sie müssen sich
von einem Flugzeug
in die Höhe
schleppen lassen.

Auf seinen langen, schmalen Flügeln
schwebt der Flugapparat
lautlos durch die Lüfte.
Er ist den Vögeln am ähnlichsten.

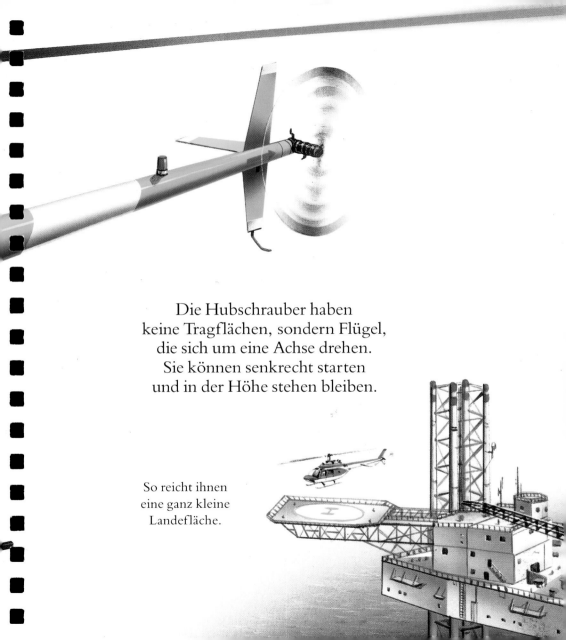

Die Hubschrauber haben
keine Tragflächen, sondern Flügel,
die sich um eine Achse drehen.
Sie können senkrecht starten
und in der Höhe stehen bleiben.

So reicht ihnen
eine ganz kleine
Landefläche.

So nützlich können Flugzeuge sein:

Diese Frachtmaschine kann
ganze Lastwagen, Kräne, Traktoren
oder Schiffe transportieren.

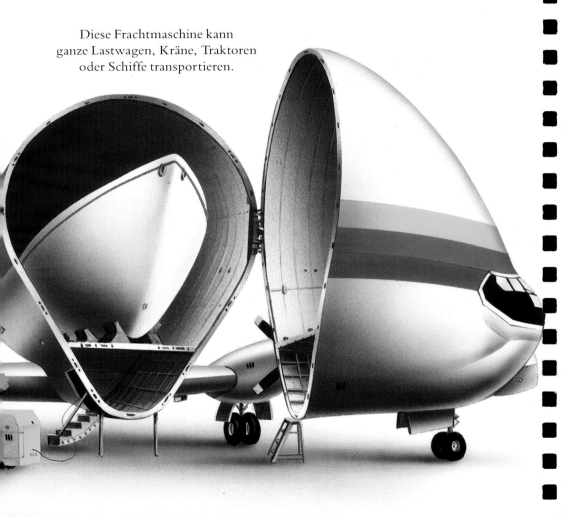

Das Löschflugzeug ergänzt
seinen Wasservorrat...

...und lässt ihn über
einem Waldbrand abregnen.

Dieser Hubschrauber ist so ausgerüstet,
dass er zur Pflege der Obstkulturen
eingesetzt werden kann.

Ein Fallschirmspringer bereitet
sich auf seinen Absprung aus
der fliegenden Maschine vor.

So sah der erste Absprung aus:
Er fand von einem Ballon aus statt.

Sein Schirm öffnet sich.
Er schwebt zu seinen
Kameraden herab,
die schon in die  Tiefe fallen.

Der Gleitschirmflieger
startet von
einer Klippe aus.

Dieser ist mithilfe
eines Motors
vom Strand
aufgestiegen.

Der Drachenflieger steigt höher als die anderen.

Vielleicht sitzt du eines Tages in so einem Fluggerät und lässt dich in den Himmel tragen.

Dieser Ultraleichtflieger kann selbstständig starten und landen.

Ein Motorboot schleppt den Gleiter in die Höhe.

Dieses Forschungsflugzeug kann
ebenso sicher auf Wasser oder Felsgestein
wie auf Eis und Schneeflächen landen.

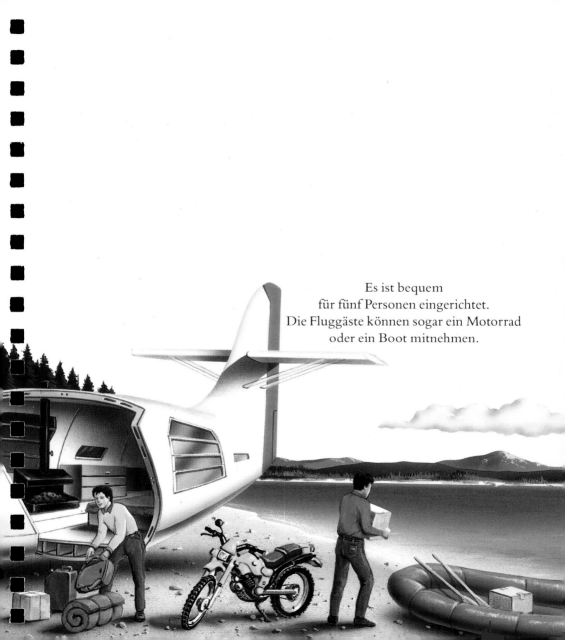

Es ist bequem
für fünf Personen eingerichtet.
Die Fluggäste können sogar ein Motorrad
oder ein Boot mitnehmen.

Einen Spielzeugflieger, . . .

. . . einen Drachen . . .

Was willst du am liebsten fliegen lassen?

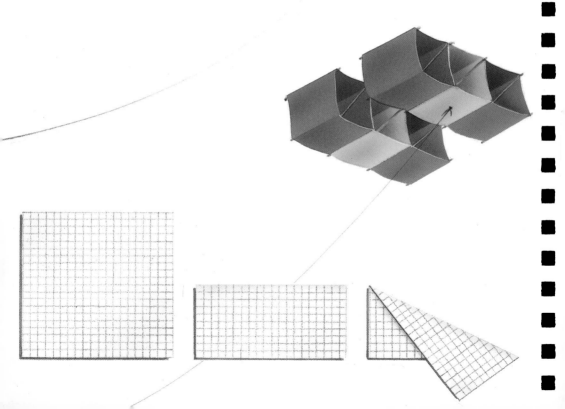

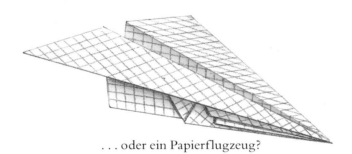

... oder ein Papierflugzeug?

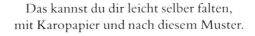

Das kannst du dir leicht selber falten,
mit Karopapier und nach diesem Muster.

In dieser Reihe sind erschienen:

Meyer. Die kleine Kinderbibliothek – Licht an!

© 1992 Bibliographisches Institut & F.A. Brockhaus AG, Mannheim
für die deutsche Ausgabe K I

Das Werk wurde in neuer Rechtschreibung verfasst.

Titel der Originalausgabe: L'avion
© 1991 by Éditions Gallimard
Printed in Italy
ISBN 3-411-08501-0